AF381460

KREATIVITÄT FÖRDERN

Tipps und Methoden
zur Förderung der Kreativität

Verfasst von Chantal Rens
Übersetzt von Julia Buchrieser

Für die Arbeitswelt 50MINUTEN.de

50MINUTEN.de

NEUER SCHWUNG
FÜR IHRE KARRIERE

Erfolg durch Leadership

Konstruktives Feedback

Die Macht der Körpersprache

Zielführendes Projektmanagement

www.50Minuten.de

KREATIVITÄT FÖRDERN

- **Ziel:** kreative Fähigkeiten entwickeln, um beruflich erfolgreicher zu sein
- **Anwendung:** Die Anregung der Fantasie kann zur Entwicklung von innovativen Lösungen für verschiedenste Situationen führen und dadurch zu einem Vorteil für die Firma werden.
- **Arbeitskontext:** Persönlichkeitsentwicklung, Innovation, Effizienz im Beruf, Problemlösung
- **FAQ:**
  - <u>Kann jeder kreativ sein?</u>
  - <u>Ist Kreativität eine in der Unternehmenswelt anerkannte Kompetenz?</u>
  - <u>Es gibt bereits ein Kreativteam in meiner Firma – sollte ich meine Kreativität trotzdem entwickeln?</u>
  - <u>Wie wird man kreativ?</u>
  - <u>Wodurch unterscheiden sich die Begriffe Fantasie, Kreativität, Erfindung und Innovation?</u>

EINLEITUNG

Vor allem im Kontext der konstanten Weiterentwicklung und der starken Konkurrenz im schnelllebigen Berufsalltag stellt kreativ zu sein einen offensichtlichen Vorteil dar. Chefs von Start-ups wissen das ganz genau: „In unserer Welt verläuft wenig geradlinig", meint Michael Brecht, ehemaliger Geschäftsführer der Doodle AG (Online-Dienst zur Erstellung von Terminumfragen). „Man muss sein Wirtschaftsmodell an die gegebenen Möglichkeiten anpassen und alle Mitarbeiter dafür einspannen.[1]"

Sie wollen in Meetings mit gleichzeitig originellen und realistischen Ideen glänzen, aber glauben, dass Kreativität ein Geschenk des Himmels ist, das nur ausgewählten Personen gegeben ist? Lassen Sie sich eines Besseren belehren! Jeder kann einfallsreich sein, selbst wenn sich innovative Lösungen tatsächlich nicht von selbst ergeben. Es erfordert vielmehr Arbeit und Disziplin – es müssen günstige Rahmenbedingungen geschaffen, Techniken zur Anregung verwendet,

---

1. Übersetzt für 50Minuten.de

verrückte Ideen wieder verworfen, Ideen an das auftretende Problem angepasst werden etc. Sie sind immer noch skeptisch? Sie glauben, dass es sich dabei um eine Kompetenz handelt, die nur Marketingteams, Werbeprofis und Experten für neue Technologien vorbehalten ist? Keineswegs. Indem Sie sich trauen, aus Ihren gewohnten Strukturen auszubrechen und die Situation mit anderen Augen zu sehen, können Sie optimale Lösungen für Ihr Problem finden. Kreativität kann bei der Suche nach neuen Kunden, der Entwicklung neuer Produkte, der Organisation einer Abendveranstaltung, dem Schreiben einer Rede, der Ausarbeitung eines innovativen Konzepts oder auch bei der Konfliktbearbeitung zwischen Mitarbeitern helfen.

Ob allein oder beim kollektiven Brainstorming – Ihr Innovationspotenzial kann den Unterschied machen! Sie müssen sich dazu nur geeignete Prinzipien aneignen. In 50 Minuten bringt Ihnen dieses Booklet den kreativen Prozess und die dafür notwendigen Hilfsmittel näher, die Ihnen dabei helfen, Ihre Kreativität im Alltag weiterzuentwickeln.

KREATIV IM BERUF: DIE GRUNDLAGEN

Kreative Intelligenz

Dem US-amerikanischen Psychologen Robert Sternberg (geboren 1949) zufolge ist Kreativität die Fähigkeit, eine Arbeit zu produzieren, die innovativ (also originell und überraschend), von guter Qualität und angemessen (also nützlich, den Auflagen entsprechend) ist. Sternberg analysiert ebenfalls die Rolle, die Intelligenz im kreativen (Schaffens-)Prozess spielt und unterteilt diese in drei Aspekte (triarchische Theorie):

- Die **analytische Intelligenz** (linke Gehirnhälfte) entspricht der Fähigkeit zu analysieren, bewerten und Probleme zu lösen. Es handelt sich dabei um die akademische Intelligenz, die man anhand des IQ messen kann.

- Die **praktische Intelligenz** (rechte Gehirn-hälfte) definiert die Reaktionsfähigkeit angesichts von Ereignissen.
- Die **kreative Intelligenz** entspricht der Fähigkeit, angesichts neuer und ungewöhnlicher Situationen Ideen auf Basis der eigenen Erfahrungen und mithilfe von Vorstellungskraft und Intuition zu entwickeln.

Der US-amerikanische Psychologe Joy Paul Guilford (1897-1987) identifiziert zwei Etappen im kreativen Prozess:

- **Divergentes Denken**: Es handelt sich dabei um einen mentalen Prozess zur Produktion eines Maximums an Ideen mithilfe von Vorstellungskraft und Intuition.
- **Konvergentes Denken**: Ausgehend von ersten Reflexionen, wird unter Verwendung des Verstands eine strukturierte und operationelle Antwort entwickelt.

Kreativität hängt also vom divergenten Denken ab, während Intelligenz konvergentes Denken erfordert. Die beiden sind miteinander verbunden, das heißt Intelligenz existiert nicht ohne Kreativität und umgekehrt.

ZUSATZINFORMATION: KREATIVITÄT VERSUS INNOVATION

- Oft werden Kreativität und Innovation gleichgesetzt. Dennoch heißt kreativ sein nicht unbedingt innovativ sein und umgekehrt. Kreativität ermöglicht die Entwicklung neuer Ideen, welche aber nicht zwangsläufig Erfolg haben müssen, während Innovation einer wirklichen Veränderung entspricht, einer konkreten Verbesserung im Unternehmen durch den Einsatz von bestimmten Mitteln. Außerdem verlangt Innovation meist die Kompetenzen mehrerer Experten.

Der kreative Prozess

In den 1920er-Jahren unterschied der Sozialpsychologe Graham Wallas (1858-1932) vier Phasen des kreativen Prozesses:

- **Vorbereitung:** Während dieser, manchmal mühsamen, Phase erarbeiten Sie die Grundlagen, definieren das Problem und sammeln für die Lösung des Problems notwendige Informationen.

- **Inkubation:** In dieser mehr oder weniger langen Phase arbeitet das Gehirn unterbewusst durch die Assoziation von Ideen zum jeweiligen Thema.
- **Erleuchtung:** In dieser Phase entstehen Ideen, die Sie spontan, völlig frei und ohne zu urteilen sammeln.
- **Überprüfung:** Die letzte Phase besteht in der Auswahl der Ideen nach Relevanz und Realisierbarkeit.

Kreative Logiken

Kreativität kann unterschiedliche Formen haben. Wählen Sie die für Sie passende Methode:

- **Die assoziative Logik** basiert auf der freien Assoziation von Ideen. Sie besteht darin, spontan und unzensiert ein Maximum an Ideen auszusprechen und sie miteinander zu verknüpfen. Diese Technik wird vor allem beim Brainstorming verwendet.
- **Die analogische Logik** stützt sich auf den Vergleich mit verwandten Bereichen, um sich von Ähnlichkeiten und Unterschieden inspirieren zu lassen. Die Synektik ist eine amerikanische Methode, die von William Gordon

(1919-2003) und George Prince (1918-2009) entwickelt wurde. Sie basiert darauf, mithilfe der analogischen Logik Ideen in bereits erforschten Bereichen zu suchen. Beispielsweise wurde das Flugzeug nach dem Vorbild der Vögel konstruiert.

- **Die traumähnliche Logik**: Robert Desoille (französischer Ingenieur und Psychologe, 1890-1966) hat aufbauend auf diese Logik die Methode des „gelenkten Wachtraums" entwickelt. Dabei bringt sich die Person selbst in einen entspannten Zustand und stellt sich ein bestimmtes Szenario vor. Diese Technik dient als Zugang zum Unbewussten, um die Fantasie zu fördern.
- **Die projektive Logik** ermöglicht es, originelle Ideen zu entwickeln, indem man sich in Figuren, Tiere, Experten etc. hineinversetzt. Rollenspiele sind ein gutes Beispiel dafür.

BLOCKADEN ÜBERWINDEN

Einschränkende Überzeugungen

Um die kreativen Ideen fließen zu lassen, muss man Blockaden überwinden und sich von Hemmungen befreien, die innovative Vorgehensweisen behindern können. Hemmungen können emotionaler Natur sein und aus der Angst entstehen, sich zu irren, sich zu diskreditieren, sich lächerlich zu machen, als dumm abgestempelt zu werden, in der Minderheit zu sein, von anderen angestarrt zu werden, vor dem Unbekannten etc. Sie können aber auch auf kulturellen Überzeugungen basieren und so das Potenzial hemmen sowie das Vorankommen verhindern: Fantasie ist Kindern vorbehalten; diese Idee wird in meiner Firma nicht gut ankommen; die Idee muss sofort fertig entwickelt sein etc.

Diese einschränkenden Überzeugungen sind im Alltag meist unbewusst präsent. Allerdings stellen sie lediglich eine Interpretation der Realität dar und keine Wahrheit. Um kreativ zu sein, muss man sie ablegen. Man muss seine Denkweise ändern, indem man das, was man für möglich oder unmöglich hält, infrage stellt; beispielsweise seine Erfahrungen, seine Art zu urteilen, seine Bildung etc. Man sollte seine Kenntnisse nicht für selbstverständlich halten, sondern stets versuchen, seinen Blickwinkel zu erweitern. So eröffnen sich Ihnen neue Wege und Sie können Ihre Kreativität ausbauen.

Perfektionismus

Jeder Mensch kann kreativ und originell sein, wenn er über seine Pflichten, Regeln und einschränkenden Überzeugungen hinauswächst. Akzeptieren Sie die Unvollkommenheit, denn aus dieser entsteht oft die Besonderheit eines Konzeptes oder einer Idee. Ein wichtiger Grundsatz für alle, die vor der Präsentation ewig an ihren Ideen feilen: „Das Beste ist der Feind des Guten." Anders gesagt, riskiert man einen Misserfolg, wenn man seine Idee ständig weiter verbessern will – sie dadurch aber eher „verschlimmbessert".

Am Anfang meiner Karriere als Journalist habe ich unglaublich viel Zeit damit verschwendet, nach Hintergrundinformationen zu suchen und Zeugenberichte zu sammeln. Es schien mir wichtig zu sein, das gesamte Material gesammelt zu haben, bevor ich auch nur eine Zeile schreibe. Aber gleichzeitig musste ich knappe Deadlines einhalten – stellen Sie sich also den Stress vor... Ich habe nach und nach angefangen zu verstehen, dass diese übermäßigen Vorarbeiten zu Lasten meiner unvoreingenommenen Sichtweise auf das Thema gingen. Jetzt fange ich direkt an zu schreiben und verlasse mich dabei auf meine

Analysefähigkeiten und meine Intuition. Daher finde ich nun auch interessantere und unerwartetere Blickwinkel. (Paul R., Journalist einer regionalen, französischen Tageszeitung)[1]

Mangelndes Selbstvertrauen

„Ich kann nichts", „Ich habe keine Fantasie", „Ich werde mich lächerlich machen", „Die anderen sind besser als ich" etc. Eine innere Stimme bombardiert Sie mit Kritik und ständigen Zweifeln und hindert Sie daran, einfach loszulegen? Es ist nun allerhöchste Zeit diese negativen Stimmen, die Sie in Ihrem kreativen Denken und im Allgemeinen in Ihrer Selbstverwirklichung bremsen, loszuwerden.

Beginnen Sie damit, diese Gedanken mithilfe von Autosuggestion durch positive Aussagen zu ersetzen. Diese Methode wurde von Émile Coué (französischer Psychologe, 1857-1926) entwickelt und wird zur Umprogrammierung des Gehirns verwendet. Wiederholen Sie für sich, dass Sie es schaffen werden, dass Sie Fantasie besitzen

---

1. Übersetzt für 50Minuten.de

etc. Das wird Ihnen dabei helfen, an Ihr kreatives Potenzial zu glauben. Eine andere Technik besteht in der kreativen Visualisierung. Ziel dabei ist, dass Sie sich Situationen vorstellen, in denen Sie förmlich vor Selbstvertrauen strotzen. Machen Sie es sich bequem, schließen Sie die Augen, atmen Sie langsam ein und aus und stellen Sie sich selbst vor, wie Sie ganz entspannt eine Präsentation halten, ein neues Projekt entwickeln oder vor 200 Menschen sprechen. Wenn Sie diese Übung mit Überzeugung durchführen, wird Ihr imaginäres Vertrauen allmählich auch Ihren Alltag beeinflussen.

TECHNIKEN ZUR FÖRDERUNG IHRER KREATIVITÄT

Gehirntraining

Kreativität ist eine Kompetenz, die täglich gepflegt werden muss – so wie zum Muskelaufbau regelmäßig trainiert werden muss. Systematische Fragestellungen und die Kunst des Staunens sind Basisübungen zur Anregung der Kreativität.

Ich versuche meine Fantasie zu fördern, indem ich meine tägliche Routine durchbreche. Ich nehme einen anderen Weg zur Arbeit oder schmücke die Wände meines Büros mit neuen Fotos. Aber auch die Neugier erweist sich als starker Motor. Ich gehe regelmäßig in einen Buchladen und blättere Magazine zu Themen durch, die nicht meinen natürlichen Interessen entsprechen, oder schaue Filme, die nichts mit meiner Welt zu tun haben. Neue Ideen können jederzeit auftauchen, beispielsweise bin ich beim Autofahren auf das Grundkonzept für eine Werbekampagne gekommen, als ich zufällig ein Plakat der Konkurrenz gesehen habe.

Aber Inspiration allein reicht nicht – eine Idee muss erarbeitet werden. Es ist viel Konzentration und Ausdauer notwendig, um zu einer zufriedenstellenden Lösung zu gelangen. Außerdem ist es wichtig, seine Ideen infrage zu stellen und sein Projekt im Falle einer Ablehnung trotzdem im Kopf zu behalten und es bei einer anderen Gelegenheit erneut mit Enthusiasmus vorzustellen. Die Erfahrung hat mich gelehrt, es als Spiel zu sehen und mich dabei zu amüsieren. (Pascal Grégoire, Kreativdirektor der Werbeagentur La Chose).[2]

Stellen Sie sich folgende Fragen, um herauszufinden, welche Kreativitätsmethode am besten zu Ihnen passt:

---

2. Übersetzt für 50Minuten.de

- Entstehen Ideen in Ihrem Kopf, wenn Sie allein sind, oder im Austausch mit anderen?
- Bevorzugen Sie eine ruhige Zen-Atmosphäre an einem sicheren Ort (Büro oder Zimmer) oder werden Ihre Gedanken durch eine Aktivität (Joggen, Hausarbeit, Gartenarbeit etc.) angeregt?
- Brauchen Sie den Adrenalinschub durch Stress im letzten Moment, um Ihr Bestes zu geben, oder einen gut organisierten und zeitlich angepassten Prozess?
- Tragen besondere Gewohnheiten zur Anregung Ihrer Kreativität bei (Papiere ordnen, einen Tagesplan aufstellen, einige Minuten spazieren gehen, Musik hören etc.)?

Wenn Sie die für Sie passende Methode gefunden haben, sollten Sie sie auch bewusst anwenden, da sie einen erfolgversprechenden ersten Schritt darstellt. Diejenigen, die einen zusätzlichen Anstoß brauchen, finden im Folgenden einige leichte und spielerische Übungen für die Anregung ihrer Kreativität.

Bisoziation oder erzwungene Assoziation

Diese Übung besteht darin, per Zufall ein Wort aus einem Wörterbuch oder einem beliebigen Text auszuwählen und damit seine Überlegungen zu beginnen. Sie können auch mehrere wählen und versuchen, in Verbindung mit diesen Wörtern etwas Neues zu erfinden. Was würden Sie aus „Lampe" und „Stift" machen? Oder aus „Schuh" und „Buch"? Ihnen fällt nichts ein? Denken Sie weiter darüber nach und lassen Sie Ihrer Fantasie freien Lauf. Ziel dabei ist nicht, ein realistisches Objekt zu erfinden – im Gegenteil, verrückte Ideen sind sogar willkommen.

Katastrophenszenario

Diese etwas spezielle Übung besteht in der Vorstellung des schlimmsten Szenarios, das Sie sich vorstellen können. Stellen Sie sich dazu Fragen wie: Wie wird meine Präsentation ein Misserfolg? Was kann ich machen, damit die Menschen mein neues Produkt hassen? Wodurch werde ich mein Ziel verfehlen? Diese Aktivität wird Ihnen zuerst ein wenig seltsam erscheinen, aber die negativen Punkte, die Sie darlegen, können Sie anschließend in positive Aspekte umwandeln. Die Übung macht nicht nur Spaß, sondern fördert auch die Kreativität.

Denkhüte

Diese Methode wurde vom maltesischen Psychologen Edward de Bono (geboren 1933) entwickelt und besteht in verschiedenen Betrachtungswinkeln und dem Tragen von sechs verschiedenfarbigen Hüten, die jeweils eine Denkweise darstellen. Diese Technik kann in der Gruppe oder allein angewendet werden.

Die sechs Denkhüte

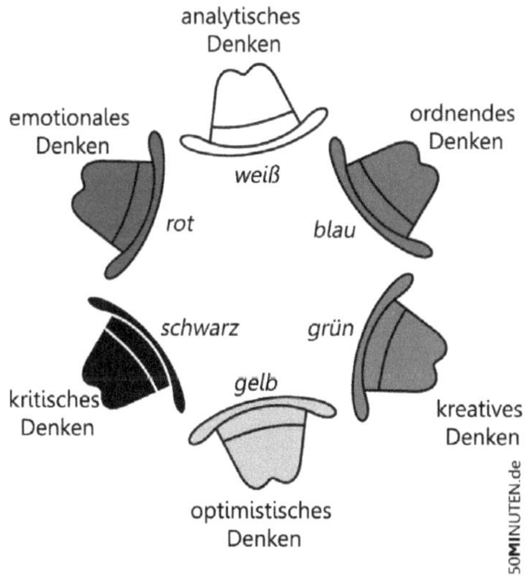

Zusatzinformation: Laterales Denken

Edward de Bono hat außerdem die Technik des lateralen Denkens entwickelt. Dieses fördert Fantasie und Intuition und steht im Gegensatz zum vertikalen Denken, dass auf Logik und Rationalität beruht. Außerdem lässt laterales Denken jede Art von Ideen zu – selbst die, die unrealistisch erscheinen –, da sie als Etappe auf dem Weg zu innovativen Lösungen gelten. Diese Art des Denkens ermöglicht es, aus gewöhnlichen Denkmustern auszubrechen, die Wahrnehmung der Umwelt zu verändern und die Kreativität anzuregen. Man nennt sie auch „out of the box" (bzw. Querdenken), da mit ihr versucht wird, ein Problem oder eine Situation von einem originellen und überraschenden Standpunkt aus zu lösen. Um das laterale Denken zu fördern, schlägt de Bono „Provokationsoperationen" vor – beispielsweise die Methode der Denkhüte, Bisoziation, Übertreibung des Problems, Verzerrung der Fakten, gegenteilige Verwendung eines Objektes oder auch Utopie.

Mindmapping

Mindmapping wurde von Tony Buzan (englischer Psychologe, geboren 1942) entwickelt und besteht in der visuellen Darstellung von Gedankengängen und Verbindungen zwischen Ideen. Das Prinzip ist ziemlich simpel: Legen Sie Ihre Grundidee in der Mitte eines weißen Blattes in Form von Wörtern oder Zeichnungen dar, fügen Sie die Ideen, die Ihnen dazu kommen, hinzu und verbinden Sie sie mit Ästen. Sie können dazu auch verschiedene Farben verwenden, um die Verzweigungen zu unterscheiden. Diese Darstellungsart ermöglicht es dem Gehirn, leichter Verbindungen herzustellen und fördert so die Entstehung von Ideen.

INTERAKTION ZUR FÖRDERUNG DER KREATIVITÄT

Kreativität ist zwar eine individuelle Fähigkeit, sie kann aber durch die Arbeit in der Gruppe gefördert werden. Was gibt es tatsächlich Besseres, als neue Ideen zu entwickeln, indem man sie denen seiner Kollegen gegenüberstellt? Lassen Sie sich von ihren Sichtweisen inspirieren, denn es gibt fast genauso viele unterschiedliche Sichtweisen wie Menschen. Außerdem lösen kollektive Kreativitätstechniken oft Synergieeffekte aus, denn wie Aristoteles (griechischer Philosoph, 384-322 v. Chr.) schon sagte, ist das Ganze mehr als die Summe seiner Teile. Man muss allerdings die Grundregeln jeder Methode kennen und respektieren, damit das auch funktioniert.

Brainstorming

Beim Brainstorming, das von Alex Osborn (amerikanischer Werbetreibender, 1888-1966) entwickelt wurde, werden keine Urteile gefällt bzw. Kritik geübt, der Fantasie freien Lauf gelassen und die Ideen anderer für eine größtmögliche Fülle an Ideen aufgegriffen. In dieser ersten Phase spielt es noch keine Rolle, ob die Ideen realisierbar sind oder nicht. Dies wird im nächsten Schritt, bei der Analyse, untersucht.

Lassen Sie der Fantasie ihren Lauf, um von dieser Methode zu profitieren – je verrückter die Idee ist, desto besser. Es ist einfacher, eine ausgefallene Idee nüchterner zu machen als anders herum. Verfolgen Sie Ihre Ideen daher ganz zwanglos, selbst wenn es sich dabei um etwas völlig Paradoxes handelt. Lassen Sie sich ruhig Ihre Ideen stehlen und machen Sie keinen Wettbewerb daraus – sie gehören der Gruppe und damit auch allen ihren Mitgliedern.

Und schlussendlich können Sie mithilfe des Teams die Ideen entwickeln, die durch Feinschliff zu Erfolg kommen und zu einem neuen Produkt, Service oder der Innovation des Jahres werden.

TIPP

Brainstorming funktioniert nur dann, wenn die teilnehmenden Personen keine Angst vor der Kritik anderer haben. Für möglichst vielfältige Ideen setzt man das Team am besten aus Mitarbeitern unterschiedlicher Bereiche zusammen.

Workshop

Beim Workshop tauscht sich eine Arbeitsgruppe über ein vorher definiertes Thema aus. Er kann ein oder mehrere Tage dauern und besteht in der Interaktion zwischen Experten und einer begrenzten Anzahl an Teilnehmern. Bei dieser Art von Veranstaltung können Sie sich neue Kenntnisse aneignen oder bestimmte Fähigkeiten vertiefen. Informieren Sie sich deshalb und, wenn Sie die Wahl haben, besuchen Sie einen Workshop aus einem anderen Fachgebiet, denn dadurch können Sie neue, noch unbekannte Bereiche für sich entdecken. Workshops sind teamorientiert und bieten Ihnen die perfekte Gelegenheit, Ihre Neugier und Kreativität zu stärken.

Besprechen Sie Ihre Ideen mit Ihren Kollegen und testen Sie sie an ihnen bei einer Tasse Kaffee, während eines Afterworks oder in der Mittagspause. Ihre Meinungen können Ihnen weiterhelfen. Beachten Sie dennoch, dass Gruppenarbeiten Sie nicht von Einzelarbeiten entbinden. Die kollektive Anregung ist nur dazu da, um Ihre persönliche Herangehensweise zu ergänzen.

STÄRKEN EINER KREATIVEN PERSON

Sie ist beharrlich und zielorientiert.

Sie riskiert.

Sie ist offen für neue Erfahrungen.

Sie interessiert sich für das (scheinbar) Paradoxe und Originelle.

Sie zeigt sich enthusiastisch und dynamisch.

Sie verfügt über ein hohes Maß an Konzentration und Urteilsfähigkeit.

Sie stellt sich selbst infrage und nimmt Kritik an.

TOP TIPPS

- **Denken Sie auch im Alltag kreativ.** Kreativität ist eine Geisteshaltung, die Sie täglich fördern sollten und nicht nur im Büro. Ihr Umfeld kann zu Ihrer größten Inspirationsquelle werden, also sollten Sie sich aufmerksam darin bewegen. Zeitunglesen beim Frühstück, Radiohören auf dem Weg zur Arbeit oder Mittagessenholen – nutzen Sie jede Gelegenheit, um Ihre Fantasie auszubauen.
- **Bekämpfen Sie Ihre Hemmungen und befreien Sie sich von klassischen Denkmustern.** Die Angst, sich lächerlich zu machen, ausgegrenzt zu werden oder zu versagen bremst Sie auf Ihrer Suche nach neuen Ideen. Aber stellen Sie sich folgende Frage: Was haben Sie zu verlieren? In Wirklichkeit nicht viel. Im Gegenteil, Sie können nur gewinnen, indem Sie sich kreativ zeigen – also befreien Sie sich aus dem Konformismus. Ein erster Schritt dorthin könnte darin bestehen, endlich das ausgefallene Kleidungsstück zu tragen, das Sie schon so lange in Ihrem Schrank haben, oder eine neue Frisur auszuprobieren.

- **Lernen Sie aus Ihren Fehlern.** Sie haben Ideen vorgebracht, die nicht funktioniert haben? Seien Sie nachsichtig mit sich selbst, Niederlagen sind Teil des kreativen Prozesses. Wenn Sie alte Ideen in einem neuen Blickwinkel wieder aufnehmen, produzieren Sie damit vielleicht die Idee des Jahres.

- **Üben Sie kontinuierlich.** Sie haben nun verstanden, dass Kreativität ein ewiger Prozess ist. Nach Ihren ersten Erfolgen sollten Sie nicht aufhören, sondern kreativ bleiben. Erfinden Sie zuhause Spiele mit Ihren Kindern; machen Sie Ihrem Chef im Büro Vorschläge; erfinden Sie im Supermarkt ein neues Rezept etc. Machen Sie sich Notizen, denn das Aufschreiben Ihrer Ideen verleiht ihnen an Gewicht und stärkt Ihre Vorstellungskraft. Wenn Sie diese Ideen einige Tage später erneut lesen, können Sie stolz sagen: „Das habe ich mir ausgedacht?"

- **Seien Sie neugierig und machen Sie neue Erfahrungen.** Es gibt nichts Besseres als die Dinge von einem anderen Standpunkt aus zu sehen und damit das kreative Denken anzuregen. Probieren Sie eine neue Sportart aus, gehen Sie in die Ausstellung eines Künstlers, den Sie nicht kennen, oder besuchen Sie einen Vortrag zu einem Ihnen unbekannten Thema. Möglicherweise entstehen dadurch auch neue Ideen.

- **Seien Sie geduldig.** Ihre Kreativität entwickelt sich nicht im Handumdrehen. Führen Sie ein tägliches, kleines Ritual ein, währenddessen Sie an Ihrer Vorstellungskraft arbeiten. Nehmen Sie sich Zeit – große Ideen entstehen schrittweise.

- **Bewahren Sie sich Ihr inneres Kind.** Es ist allgemein bekannt, dass Kinder viel Fantasie besitzen. Lassen Sie sich davon inspirieren. Versetzen Sie sich in sie hinein und versuchen Sie, die Dinge auf spielerische Art und Weise zu sehen. Wenn Sie selbst Kinder haben, spielen Sie mit Ihnen so viel wie möglich, um zu verstehen, worin ihre Kreativität besteht.

- **Messen Sie dem kreativen Prozess mehr Bedeutung bei als dem Ergebnis.** Für die Entwicklung der Kreativität ist nicht das Ziel wichtig, sondern der Weg. Ob Ihre Überlegungen zu einer Innovation oder einem konkreten Projekt erfolgreich sind, ist eine andere Geschichte, denn dafür müssen Sie erst einmal Ideen produzieren können. Es ist daher unnötig, das Pferd von hinten aufzuzäumen. Konzentrieren Sie sich lieber auf den ersten Schritt.

- **Üben Sie das „was wäre, wenn...".** Diese drei kleinen Wörter können Ihnen Türen öffnen. Vergessen Sie das Wort „unmöglich" und schauen Sie sich die Möglichkeiten an, die sich Ihnen bieten. Was wäre, wenn Sie fliegen könnten? Was wäre, wenn Sie Präsident der USA wären? Was wäre, wenn der Mensch vier Hände hätte?

FAQ

Alle Menschen sind kreativ, auch wenn sich diese Fähigkeit bei jedem auf unterschiedliche Art und Weise äußert. Die Neurobiologie zeigt, dass jeder Mensch mit einem Gehirn ausgestattet ist, das fähig ist zu kreieren, zu verändern und sich anzupassen. Während des Schaffensprozesses spielen die beiden Gehirnhälften eine wichtige Rolle, aber es werden auch andere neuronale Schaltkreise des Gehirns gefordert, die Teile des emotionalen Gedächtnisses reaktivieren. Todd Lubart, Forscher für Psychologie und Experte für Kreativität, hat diesen besonderen Mechanismus studiert und ihn unter der Bezeichnung „emotionale Resonanz" theoretisiert. Worum handelt es sich dabei? Wissen, Konzepte und Erfahrungen, die in unserem Gehirn gespeichert sind, werden mit emotionalen Erinnerungen assoziiert. Wenn man nun an ein Konzept denkt, tritt die damit verbundene Emotion auf und kann ebenfalls ein benachbartes, verborgenes Gefühl auslösen, das mithilfe der assoziativen Logik einen neuen Gedanken aktiviert. Dadurch empfinden Menschen laut Todd Lubart Gefühle und entwickeln ihre Kreativität.

IST KREATIVITÄT EINE IN DER UNTERNEHMENSWELT ANERKANNTE KOMPETENZ?

Kreativität ist offenkundig eine Schlüsselkompetenz in Unternehmen. Der Personalchef eines Pharmaunternehmens bestätigt das:

> Kreativität ist nicht mehr nur Sache der Forscher in der Research- und Development-Abteilung, Marketingangestellter und der Werbeprofis. Diese Fähigkeit ist ausnahmslos für alle Ebenen und Berufe in einer Firma wichtig. Sie wird außerdem als Kriterium bei der jährlichen Leistungsbeurteilung der Mitarbeiter verwendet. (Anonyme Quelle)[1]

Um die Entstehung von Ideen im Unternehmen zu fördern, muss die gesamte Organisation überdacht und umgestaltet werden. So können die kreativsten Mitarbeiter erkannt und gefördert werden.

---

1. Übersetzt für 50Minuten.de

Sie betreuen in weiterer Folge Projektgruppen oder übernehmen die Funktion eines „I-Mentors" („I" für „Innovation"). Es versteht sich von selbst, dass eine solche Verantwortungsübernahme vorteilhaft für die Karriere ist. Auch die Anpassung der Management-Strategien hilft, ein Umfeld zu schaffen, das für die Kreativität aller Angestellten förderlich ist.

ES GIBT BEREITS EIN KREATIVTEAM IN MEINER FIRMA – SOLLTE ICH MEINE KREATIVITÄT TROTZDEM ENTWICKELN?

Natürlich! Selbst wenn das Kreativteam nur mit dem Ziel der innovativen Lösungsfindung geschaffen wurde, hilft Ihnen die Erweckung Ihrer Kreativität dabei, die vielleicht manchmal langweilige Routine in Ihrem Berufs- und Alltagsleben zu durchbrechen. Sie lernen unter anderem Dinge aus einem neuen Blickwinkel zu sehen, Herausforderungen zu meistern und sich ein Feld an Möglichkeiten zu schaffen. Außerdem handelt es sich dabei um eine Gelegenheit, Ihr Wohlbefinden zu verbessern. Seien Sie also kreativ – und wenn nicht für Ihren Beruf, dann zumindest für sich selbst!

WIE WIRD MAN KREATIV?

Einige Ratschläge können Ihnen dabei helfen:

- Betrachten Sie die Dinge einmal pro Woche von oben. Wenn Ihr Blick immer durch Wände beschränkt wird, verlieren Sie Ihren Sinn für Perspektiven. Finden Sie eine Anhöhe und fixieren Sie den Horizont. Von dort aus werden Ihnen Ihre Probleme unwichtig und Ihre Möglichkeiten unendlich erscheinen.
- Beginnen Sie Ihre Meetings mit Rätselraten. Stellen Sie den Teilnehmern eine ungewöhnliche Frage oder zeigen Sie ihnen ein überraschendes Bild, um die Stimmung aufzulockern. Es gibt nichts Besseres zur Aktivierung der Neuronen.
- Diversifizieren Sie Ihre Erfahrungen. Die gewöhnlichen Rituale Ihres Alltagslebens ersticken Ihre Kreativität langsam. Gewöhnen Sie sich an, jeden Tag etwas zu verändern, im Privatleben wie auch im Beruf – improvisieren Sie bei Rezepten, kleiden Sie sich anders, probieren Sie eine neue Sportart aus, verändern Sie Ihren Zeitplan kurzfristig oder variieren Sie die Schriftart Ihrer E-Mails (bleiben Sie aber trotzdem professionell).

- Trauen Sie sich „warum nicht" zu sagen anstatt „nein". Nehmen Sie alle Vorschläge ernst und ohne Vorurteile auf, selbst solche, die Ihnen anfangs verrückt erscheinen. Wer weiß? Vielleicht macht sich das später bezahlt.
- Stellen Sie sich das Schlimmste vor, um das Beste würdigen zu können. Wenn Sie alle möglichen Katastrophenszenarien durchgespielt und Lösungen dafür gefunden haben, werden Sie Ihre Gelassenheit wiederfinden und mit Ihren Projekten fortfahren können.
- Hängen Sie inspirierende Zitate in Ihrem Büro auf. Sie sind wahres Futter für den Geist, bringen Sie zum Nachdenken und fördern Ihren Einfallsreichtum sowie den Ihrer Kollegen.

> Wer noch nie einen Fehler begangen hat, hat noch nie etwas Neues probiert (Albert Einstein, deutscher Physiker, 1879-1955).

- Meditieren Sie regelmäßig. Wie zahlreiche Künstler, Forscher und Unternehmer bestätigen, reduziert Meditation Stress und regt die Fantasie an.

WODURCH UNTERSCHEIDEN SICH DIE BEGRIFFE FANTASIE, KREATIVITÄT, ERFINDUNG UND INNOVATION?

Diese Begriffe werden häufig synonym verwendet. Auch wenn sie miteinander verwandt sind, ist es wichtig, sie zu unterscheiden. Dafür werden hier Definitionen aus dem Duden verwendet:

- **Fantasie** ist „die Fähigkeit, Gedächtnisinhalte zu neuen Vorstellungen zu verknüpfen, sich etwas in Gedanken auszumalen". Sie berücksichtigt weder die Wirklichkeit noch physikalische Gesetze. Es handelt sich daher um einen Raum, in dem alles möglich ist.
- **Kreativität** ist die „schöpferische Kraft [bzw.] kreatives Vermögen". Fantasie ist ein Bestandteil der Kreativität, aber im Gegensatz zu ersterer entwickelt sich zweitere in einem besonderen Rahmen und produziert davon ausgehend neue Ideen.
- **Erfindungskraft** bezeichnet „die Kraft, Fähigkeit, Neues zu schaffen oder [praktische] Probleme auf eine neue Art und Weise zu lösen". Sie ist eng mit der Kreativität

verwandt. Letztere bleibt allerdings im Gedankenstadium, während Erfindungskraft dafür sorgt, dass eine neue Idee in die physische Welt eintritt.

- **Innovation** ist „die Realisierung einer neuartigen, fortschrittlichen Lösung für ein bestimmtes Problem, besonders die Einführung eines neuen Produkts oder die Anwendung eines neuen Verfahrens". Sie soll dazu beitragen, ein Unternehmen zu verbessern.

JETZT SIND SIE GEFRAGT!

Sie haben es nun selbst in der Hand, öffnen Sie sich für Ihr Innovationspotenzial! Fühlen Sie sich selbstsicher und gewappnet, um Ihr kreatives Talent zu erwecken? Beantworten Sie die folgenden Fragen, werten Sie Ihre Antworten aus und ziehen Sie entsprechende Konsequenzen.

Übung

	Ja	Nein
Ich probiere gerne Neues aus.		
Ich suche gerne nach Lösungen.		
Fehler steigern meine Motivation voranzukommen.		
Ich suche stets nach unterschiedlichen Lösungen für ein Problem.		
Herausforderungen bringen mich dazu, über mich hinauszuwachsen.		
Ich nehme neue Herausforderungen gerne an.		
Ich bin selbst im Beruf emotional.		
Ich liebe Spannung im Leben, im Kino und in Büchern.		
Die Urteile von anderen treffen mich nicht.		
Gegenteilige Meinungen helfen mir, meine Ideen weiterzuentwickeln.		
Ich finde, dass man in der Gruppe kreativer ist als allein.		
Ich liebe es, meinen Gedanken freien Lauf zu lassen.		
Ich lasse mich nicht entmutigen und bin positiv gestimmt, auch wenn alles schiefläuft.		
Ich mag es zu sehen, wie sich meine Ideen in der Gruppe entwickeln.		
Ich habe keine Angst, mich lächerlich zu machen.		

© 50MINUTEN.de

Ergebnis:

- Mehr als 10 positive Antworten: Sie sind sich Ihrer Kreativität sicher. Sie haben sich offensichtlich Ihre Kinderseele und die damit einhergehende Fantasie behalten. Dies kann ein großer Vorteil sein, um Schwierigkeiten zu überwinden und Misserfolge in neue Chancen umzuwandeln – dafür benötigen Sie natürlich neben Ihrem kreativen Talent viel Selbstdisziplin und Organisationstalent.
- Zwischen 6 und 10 positive Antworten: Sie haben kein konstantes Vertrauen in Ihre kreativen Fähigkeiten. Wogegen kämpfen Sie an? Schauen Sie sich Ihre negativen Antworten erneut an, um es besser zu verstehen. Manche Umstände erscheinen Ihnen förderlicher als andere? Sind Sie in der Gruppe kreativ, aber kaum, dass Sie allein sind, verlässt Sie die Kreativität? Sie müssen nur Ihre Schwächen erkennen, um daran arbeiten zu können.
- Zwischen 1 und 5 positive Antworten: Machen Sie sich keine Sorgen. Auch Sie besitzen kreatives Potenzial, aber es fehlt Ihnen wahrscheinlich an Übung. Welche einschränkenden Überzeugungen hemmen Sie? Im Wissen, dass

jeder Mensch seine eigene Art der Kreativität besitzt – welche wäre Ihre? Lassen Sie sich Zeit, analysieren Sie sich selbst in unterschiedlichen Kontexten und machen Sie so Fortschritte. Sie können außerdem spezifische Fortbildungen oder Einzelcoachings besuchen, um Ihre Blockaden zu lösen.

Ihre Meinung ist uns wichtig!
Hinterlassen Sie doch einen Kommentar auf der
Seite unserer Online-Buchhandlung
und teilen Sie Ihre Favoriten in den sozialen
Netzwerken!

DARÜBER HINAUS

LITERATURVERZEICHNIS

- Aznar, Guy: *100 techniques de créativité*. Éditions d'Organisation: Paris 2005.

- Bellanger, Lionel: *Libérez votre créativité. De l'imagination à l'innovation gagnante*. ESF éditeur: Paris 2005.

- Bonnet, Véronique: „Développer sa créativité". (20.03.2014). *youtube.com*. https://www.youtube.com/watch?v=kUkgvGpu-fus (13.04.2019).

- Cameron, Julia: *Libérez votre créativité*. J'ai Lu: Paris 2007.

- Cottraux, Jean: *À chacun sa créativité. Einstein, Mozart, Picasso... et nous*. Odile Jacob: Paris 2008.

- De Bono, Edward: *6 Denkhüte. Neue Denkschule: Denkhüte von De Bono*. AB Publishing: Frankfurt 2017.

- Duhoux, Patrick; Jacob, Isabelle: Développer sa créativité. Retz: Paris 2006.

- Fardeau, Aurélie: „5 exercices pour développer sa créativité". *Management. Efficacité personnelle*. Journaldunet.com. (03.11.2008).

http://www.journaldunet.com/management/efficacite-personnelle/conseil/5-exercices-pour-stimuler-sa-creativite/5-exercices-pour-stimuler-sa-creativite.shtml (13.04.2019).

- Lubart, Todd; Mouchiroud, Christophe; Tordjam, Sylvie; Zenasni, Franck: *Psychologie de la créativité.* Armand Colin: Paris 2003.

- Swinners, Jean-Louis; Briet, Jean-Michel: *L'intelligence créative au-delà du brainstorming.* Maxima: Paris 2004.

WEITERFÜHRENDE LITERATUR

- *Arbeitsleben:* „Kreativität fördern: 10 Techniken für neue Ideen und Denkweisen". *Blog. Kreativität-Ideen. Karriere.at.* (06.10.2014). https://www.karriere.at/blog/kreativitaet-ideen.html (13.04.2019).

- Groll, Tina: „Kreativität ist erlernbar". *Karriere. Beruf. Kreativtechniken. Zeit.de.* (07.10.2010). https://www.zeit.de/karriere/beruf/2010-09/kreativtechniken-uebersicht (13.04.2019).

- Mai, Jochen: „Kreativitätstechniken: Neue Ideen entwickeln". *Karrierebibel.de.* (20.03.2019). https://karrierebibel.de/kreativitaetstechniken/ (13.04.2019).

- Portal von *Duden* https://www.duden.de/ (13.04.2019).

MEHR AUF 50MINUTEN.DE

- Bronckart, Véronique: *Der Vorteil von kollektiver Intelligenz. Tipps für das optimale Ausschöpfen der Kompetenzen Ihres Teams.* Aus dem Französischen von Leonie Kremer. Plurilingua Publishing: Brüssel 2019.

- Maïlys Charlier: *Geistige Leistungsfähigkeit. Tipps und Methoden zur bestmöglichen Nutzung des Gehirns.* Aus dem Französischen von Julia Buchrieser. Plurilingua Publishing: Brüssel 2019.

- Lecomte, Miguël: *Kreatives Mindmapping. Methoden zum kreativen Erstellen praktischer Mindmaps.* Aus dem Französischen von Mareike Lobeck. Plurilingua Publishing: Brüssel 2019.

SCHMÖKERN SIE SICH SCHLAU!

www.50Minuten.de

Die präsentierten Inhalte werden vom Herausgeber überprüft, dennoch übernimmt dieser keine Haftung für die inhaltliche Richtigkeit, Vollständigkeit und Aktualität der vorgestellten Inhalte.

© 50Minuten.de, 2019. Alle Rechte vorbehalten.

www.50Minuten.de

ISBN digitale Ausgabe: 9782808019989

ISBN gedruckte Ausgabe: 9782808019996

Pflichtexemplar: D/2019/12603/164

Cover: © Plurilingua

Digitale Aufbereitung: Primento, der digitale Partner der Herausgeber